AF454791

REGLEMENT

FAIT

PAR LE ROY,

Pour l'ordre & la discipline qu'il Veut estre observez par ses Troupes, tant Françoises qu'Estrangeres, lorsqu'elles marcheront en Route dans le Royaume, ou qu'elles seront dans leurs Garnisons.

Du 4. Juillet 1716.

A PARIS,

DE L'IMPRIMERIE ROYALE.

M. DCCXVI.

REGLEMENT

FAIT PAR LE ROY,

Pour l'ordre & la discipline qu'il Veut estre observez par ses Troupes, tant Françoises qu'Estrangeres, lorsqu'elles marcheront en Route dans le Royaume, ou qu'elles seront dans leurs Garnisons.

Du 4. Juillet 1716.

L E ROY ayant esté informé qu'il y a dans les Provinces du Dedans du Royaume des Denrées en si grande abondance qu'elles y deviennent inutiles faute de consommation, a jugé à propos d'y envoyer des Troupes, tant pour en faciliter le debit, que pour y faire rester l'argent que Sa Majesté seroit obligée de faire voiturer sur ses Frontieres pour leur subsistance.

Quoyque cette veüe de mettre des Troupes dans l'interieur du Royaume pour y consommer les Denrées soit un bien réel pour les Peuples; Cependant Sa Majesté

A ij

est persuadée que si on ne les fait pas vivre avec discipline, soit dans leur marche ou dans les Garnisons, sans rien prendre, exiger, ou gaster, ni molester ses Sujets, l'avantage qu'Elle se propose de leur en faire retirer, ne s'y rencontreroit pas.

Pour y remedier & restablir dans ses Troupes l'ancienne discipline, Sa Majesté a bien voulu marquer cy-aprés l'ordre qu'elles observeront dans les marches & dans les Garnisons, lequel estant bien executé par les Officiers qui les commanderont, ceux qui pourroient avoir envie de mal faire, certains de ne pouvoir échaper au chastiment, seront obligez de se contenir; Et Sa Majesté, de l'avis de Monsieur le Duc d'Orleans Regent, a Ordonné ce qui suit:

ARTICLE PREMIER.

Que lorsqu'une Troupe, soit de Gendarmerie, Cavalerie, Dragons ou d'Infanterie, partira de sa Garnison, ou des lieux où elle aura logé sur sa route, il en sera détaché aprés le boutteselle ou la generale, un Officier Major avec un Mareschal des Logis & un Cavalier par Compagnie de Cavalerie, Et dans l'Infanterie un Officier Major avec un Capitaine, un Lieutenant & deux Sergens par Bataillon avec un Fourrier par Compagnie, lesquels se mettront en marche avec la route de la Cour pour aller à l'avance faire preparer le logement.

II.

L'on avertira la veille du depart à l'ordre, que les soldats esclopez se trouveront de bonne heure au Rendez-vous qui leur sera marqué pour prendre le devant, lesquels seront conduits par un Officier avec un Sergent, qui les meneront doucement jusques au lieu où la Troupe devra loger, & l'Officier à son arrivée en rendra compte au Commandant.

III.

Il sera détaché un homme par Compagnie d'Infanterie

rie avec un Officier & un Sergent, Et dans la Cavalerie un Cavalier par Compagnie avec un Mareſchal des Logis pour marcher avec les bagages, afin de les contenir & les empeſcher de faire aucun deſordre, Et ils ne pourront pas les quitter qu'aprés qu'ils ſeront rendus au Quartier, ſur peine à eux d'en repondre, s'il en arrivoit aucun.

IV.

La Cavalerie & les Dragons feront marcher enſemble les Cavaliers ou Dragons à pied à la queuë de la Troupe, ſous le commandement d'un Officier.

V.

Il ſera laiſſé dans le lieu où la Troupe aura couché, un Cavalier par Compagnie avec un Officier, Et dans l'Infanterie auſſi un homme par Compagnie avec un Capitaine & un Lieutenant, qui ſeront ceux qui la veille ſeront venus au logement avec l'Officier Major, leſquels y demeureront une heure aprés que la Troupe en ſera partie pour ne rien laiſſer derriere; Et ſi durant ce temps il y avoit des Soldats ou Cavaliers reſtez dans les maiſons ou cabarets, les Hoſtes ſeroient obligez d'en avertir l'Officier, ſur peine d'une amende de vingt livres.

VI.

L'heure paſſée, ce détachement ſe mettra en marche, laiſſant toûjours la Troupe une lieuë devant luy, & faiſant des haltes de temps en temps, Et s'il y a des traiſneurs il les raſſemblera & les fera marcher avec luy, ou les fera monter ſur un chariot qu'il aura à la ſuite en cas qu'ils ſoient malades & hors d'eſtat de marcher.

VII.

Lorſque l'Infanterie qui aura eſté miſe en bataille ſe mettra en marche, Elle défilera par Compagnie, le Capitaine à la teſte, le Lieutenant à la queuë & les Sergens ſur les aiſles, leur eſtant facile de répondre des Soldats de leurs Compagnies, & de prendre leurs ſeûretez pour que ceux qu'ils ſçavent eſtre libertins ne quittent la Compagnie, ce qui ne ſe peut pas faire quand les Officiers & Soldats ſont

B

meſlez dans le Bataillon, & que perſonne n'eſt chargé d'aucun nombre en particulier.

VIII.

Le Commandant du Bataillon les verra défiler par Compagnie, les comptera, & ſe fera donner un eſtat de combien d'hommes chaque Compagnie ſera compoſée, Et de temps en temps ledit Commandant s'arreſtera ſur la route pour les voir marcher & les compter, ſi quelqu'un manque il en demandera la raiſon ſur le champ à l'Officier qui commandera la Compagnie.

IX.

S'il arrivoit que tous les Officiers d'une Compagnie fuſſent abſents, Sa Majeſté entend que le Commandant y commette un Officier d'une autre Compagnie.

X.

Quand un Soldat pendant la marche ſera obligé de quitter la Compagnie pour aller boire ou autre beſoin, il faut qu'il laiſſe ſon fuſil au Bataillon & qu'il demande congé à ſon Officier.

XI.

Les Officiers qui ſeront chargez de la conduite des Troupes les meneront doucement pour ne pas laiſſer de traiſneurs, Et ils ſe regleront pour leur depart du Quartier ſuivant la longueur de la marche de celle du jour, & du temps qu'il ſera pour arriver toûjours avant la nuit, s'il eſt poſſible.

XII.

Si dans la marche on s'appercoit que quelque Soldat ſe ſoit jetté à quartier pour prendre, ou pour faire quelque deſordre, l'on fera courir des Officiers aprés; Et lorſque l'on traverſera quelques Villes ou Villages, il faut toûjours laiſſer quelques Officiers derriere pour faire ſerrer.

XIII.

L'Officier Major qui ſera porteur de la route de la Cour arrivant dans une Ville, ſi c'eſt une Place de Guerre il ira chez le Gouverneur ou Commandant, Et dans une

Ville où il n'y aura pas d'Estat Major, chez le Maire ou chef de la Maison de Ville pour qu'il fasse faire le logement.

XIV.

Comme les Bataillons François sont aujourd'huy de quinze Compagnies, chacune de quarante hommes compris les deux Sergens, les Eschevins feront les quarante Billets pour chaque Compagnie de proche en proche, en sorte que les Soldats d'une Compagnie soient contigus les uns aux autres, Et si les Compagnies n'estoient pas completes, ils diminuëront sur le pied de quarante ce qui en manquera, sans y mesler des Soldats d'une autre Compagnie pour remplir les Billets vacants, sauf à y avoir égard une autrefois pour l'habitant qui n'aura pas eû de logement; chaque Sergent doit estre regardé comme deux Soldats pour le logement.

XV.

Ce qui est cy-dessus marqué pour l'Infanterie Françoise, se fera pareillement pour les Compagnies des Regimens d'Infanterie Estrangere ou autres, toûjours par Compagnie, Et de mesme dans la Cavalerie & les Dragons.

XVI.

Les Soldats seront logez au moins deux ensemble, Et comme leurs chambrées sont de six, on peut faire chaque Billet de six Soldats, où seront les noms des hostes, y marquant celuy chez qui l'ordinaire se fera; Et pour les Cavaliers dont les chambrées sont de quatre, l'on observera la mesme chose, & de loger toûjours le Mareschal des Logis dans le Quartier de la mesme Compagnie.

XVII.

Les Officiers seront placez dans tous les Quartiers, soit bons ou mauvais logements, afin qu'ils soient à portée de mettre l'ordre, & autant qu'il se pourra dans les Quartiers de leurs Compagnies, Et s'il y avoit des Fauxbourgs ou maisons éloignées, ce sera toûjours des Compagnies entieres que l'on y mettra avec leurs Officiers, quand bien mesme les logements ne seroieut pas affez bons pour lefdits Officiers.

XVIII.

Lorfque les Billets feront faits, l'Officier Major remettra les Billets des Capitaines au Capitaine du logement, ceux des Lieutenans au Lieutenant, & ceux pour les Soldats au Fourrier de chaque Compagnie.

XIX.

Le Capitaine qui aura efté faire le logement, diftribuëra aux Capitaines les Billets pour leur logement ou à leurs valets, Et il mettra fur le dos defdits Billets le nom du Capitaine, & le Lieutenant fera la mefme chofe pour les Billets de Lieutenant, & chacun en gardera un Controlle.

XX.

Quand le Regiment fera arrivé à l'entrée du Quartier, ceux qui feront venus faire le logement iront rendre compte au Commandant de là maniere que les chofes fe feront paffées, les Fourriers remettront à leurs Capitaines ou Lieutenans les Billets pour les Soldats, Et les Lieutenans & les Sergens de chaque Compagnie en diftribuant les Billets mettront au dos le nom du Capitaine des Compagnies dont font les Soldats & les noms des Soldats, Et en garderont un Controlle, afin que, foit l'hofte, les Efchevins, ou les Officiers, s'il y a des plaintes, l'on fçache qui c'eft, & que l'on trouve les Soldats à point nommé aux heures que l'on voudra.

XXI.

Les Compagnies défilant pour aller prendre leurs logemens, le Commandant les verra paffer, Et s'il y a des Soldats derriere & que ce foit par leur faute, il ordonnera du chaftiment qui en fera fait.

XXII.

Dans les lieux où les Troupes logeront, il y aura toûjours un Corps de Garde d'un homme par Compagnie, d'un Officier & deux Sergents pour recevoir les plaintes

&

& porter l'ordre où il fera neceffaire; Et fi les Soldats faifoient du defordre, cet Officier les fera conduire en pri-
fon ou au Corps de Garde; La Cavalerie & les Dragons
obferveront la mefme chofe.

XXIII.

Chaque Compagnie entrant dans le lieu où elle devra loger, ira au logis de fon Capitaine ou de celuy qui
commandera la Compagnie, pour y laiffer fes fufils jufques au lendemain que la Compagnie prendra les armes.

XXIV.

Le logement fe trouvant eftabli, un Officier par Compagnie ira vifiter les chambrées & voir fi perfonne ne manque, & s'il n'y a point de defordre, les Sergens feront la
mefme chofe, Et s'il fe trouve que quelques Soldats dé-
couchent ils en avertiront l'Officier de la Compagnie &
outre cela le Major, & ils luy en donneront les noms.

XXV.

Si dans les lieux de paffage deftinez pour le logement
des Troupes il s'y trouve deux Quartiers, fuivant le nombre de Compagnies qui devront loger au fecond Quartier, le Capitaine qui commandera le Bataillon envoyera
le Capitaine plus ancien après luy, pour commander ce
Quartier avec le nombre de Compagnies ordonné, &
leurs Officiers qui obferveront la mefme chofe pour la
difcipline & le bien vivre.

XXVI.

Lorfque les lieux deftinez pour loger les Troupes feront
trop petits & ne pourront pas coucher tous les Cavaliers
& Soldats, ceux qui ne pourront pas avoir de lits feront
mis dans des lieux où on leur donnera le couvert, de la
paille & du bois, des pots ou marmittes pour faire la
fouppe, qu'ils feront obligez de rendre en bon eftat avant
leur depart.

XXVII.

Si l'hôfte n'avoit qu'un lit, le Gendarme, Cavalier ou
Soldat ne le luy ofteront pas, l'Officier mefme ne le prendra

C

point; mais fi par mauvaife volonté, l'hofte ayant la commodité de donner un lit ne le faifoit pas, les Efchevins l'y
obligeront.

XXVIII.

Durant la nuit la Garde qui aura efté mife fur la Place
où à la Maifon de Ville fera faire plufieurs patroüilles; il y
aura toûjours au Corps de Garde quelque valet de Ville,
& dans les Villages quelque habitant pour aller avec la
Garde faire la patroüille, & les conduire au lieu où il y
auroit du defordre.

XXIX.

Si, trouvant du defordre & de la violence, la faute ve-
noit de la part de l'habitant, la patroüille conduite par le
valet de Ville menera le bourgeois chez le Maire pour
qu'il ordonne de ce qui en fera fait; Et l'Officier conduira
au Corps de Garde les Soldats ou Cavaliers, & répondra
des mauvais traittements qui pourroient eftre faits au valet
de Ville.

XXX.

Il fera fourni pour les Corps de Garde depuis le 15.
Septembre jufques au 15. Avril dix buches & deux fagots;
& une livre de Chandelle, Et depuis le 15. Avril jufques
au 15. Septembre le quart defdits Bois & chandelle.

XXXI.

L'Intention de Sa Majefté eft qu'il foit fourni à chaque Bataillon, lorfqu'il partira d'un lieu pour aller à un
autre, trois charriots ou charrettes chacun attelé de quatre
chevaux pour porter les malades ou leurs bagages, Et à
chaque Efcadron un charriot ou charrette.

XXXII.

Comme les lieux d'Eftappe ne pourront pas fournir la
quantité de charriots ou charrettes neceffaires chaque jour,
les Intendans nommeront les Villages à portée des lieux
d'Eftappe qui y devront contribuer, dont le Controlle fera
remis entre les mains des Efchevins des lieux, où le tour
& le nombre de charriots & charrettes que chaque Village

11

devra fournir feront marquez, enforte qu'un Village n'en donne pas deux fois que les autres n'en ayent fourni une.

XXXIII.

Dés que les Efchevins des lieux d'Eſtappe feront aver-tis des Troupes qui leur arriveront, ils en donneront avis aux Villages dont le tour fera de fournir les charriots, lef-quels s'y rendront l'eſté entre les quatre ou cinq heures du matin, & l'hyver à fix heures pour charger les mala-des ou le bagage; Et fi les Villages qui auront à les four-nir n'arrivoient pas à temps pour partir avec les Troupes, le lieu d'Eſtappe ou le plus voifin en fourniroit à la Place, Et le Village qui auroit manqué à les envoyer payeroit huit livres par charriot à ceux qui auroient marché pour eux, outre le payement qu'ils auroient receû des Troupes.

XXXIV.

Les Troupes payeront les trois charriots ou charrettes, à raifon de vingt fols par cheval, & elles ne pourront mettre fur une charrette ou charriot de trois chevaux que mille à onze cens pefant, compris le poids des hommes ou du bagage, & fur les voitures à quatre chevaux quatorze à quinze cens, Et fi elles les chargent davantage, & que les chevaux viennent à crever, elles payeront la valeur defdits chevaux; Si pareillement en chemin elles maltrait-toient les chevaux ou les Chartiers on leur feroit payer le dommage.

XXXV.

Les Officiers ne pourront obliger les Chartiers à paſſer le giſte & fervir plus d'un jour; mais fi faute d'en fournir par les lieux à qui fera le tour, les Efchevins les faifoient marcher, il leur fera payé vingt fols par cheval par les Troupes à l'ordinaire, & feize livres par forme d'amende par les Villages qui auront manqué de fournir, Et l'avance en fera faite par les Efchevins du lieu qui en feront rem-bourfez par les ordres de l'Intendant.

XXXVI.

L'Argent fera payé aux Chartiers avant de partir de la

place pour aller charger les malades ou les bagages.

XXXVII.

Si les Troupes n'avoient pas besoin de cette quantité de charriots, ceux qui auront esté renvoyez seront reputez avoir fait leur service, & ne recevroient pas d'argent pour cela, mais leur tour seroit passé pour marcher, de mesme que s'ils avoient marché effectivement.

XXXVIII.

S'il arrivoit que les Troupes eussent besoin d'un plus grand nombre de charriots ou charrettes que celuy marqué cy-dessus ou mesme de chevaux de selle, les Maires & Eschevins ne s'en mesleront pas, ce sera aux Officiers de s'en pourvoir, ainsi qu'ils jugeront à propos, comme des particuliers, en convenant de gré à gré du prix avec ceux qui voudront leur en fournir.

XXXIX.

Sa Majesté deffend à tous Soldats, Cavaliers ou Dragons de marcher avant la Troupe, mesme dans le grand chemin ni derriere, sur peine d'estre passez par les baguettes & mis en prison, à moins d'avoir un Congé du Capitaine signé du Commandant.

XL.

Deffend aussi Sa Majesté sur peine des Galeres à tous Soldats, Cavaliers ou Dragons, de rester dans le lieu d'Estappe où la Troupe aura couché, une heure aprés que l'arriere-garde en sera sortie.

XLI.

Tout le dommage que les Troupes auront fait dans le lieu où elles auront logé & sur leur marche, sera payé par les Officiers desdites Troupes sur les plaintes qui leur en feront faites & prouvées, Et sur le plus ou le moins, si le plaignant n'est pas satisfait de ce que les Officiers offriront en dédommagement, les Eschevins verront à le faire contenter de ce qui sera juste.

XLII.

L'Hoste soit sur la Route ou en Garnison, fournira aux Cavaliers,

Cavaliers, Dragons & Soldats; les lits garnis de linçeuls suivant sa commodité, place au feu & à sa chandelle, si mieux n'aime l'Hoste donner le bois & la chandelle, Sa Majesté leur deffendant de rien exiger de plus sous aucun pretexte, ni d'user de mauvais traittements envers leurs Hostes, soit en leur personne ou en leurs meubles, à peine d'estre passez par les baguettes, mesme des Galeres si le desordre est grand, & aux Officiers de payer le dommage.

XLIII.

Sa Majesté deffend aux Cavaliers, Dragons & Soldats, sur peine de la vie, de rançonner les gens de la campagne, soit dans leurs maisons ou allant & venant, de prendre leurs bestiaux & chevaux, soit à la charruë, dans les Villages ou sur les chemins, d'enfoncer des portes, escalader des murs pour entrer dans les maisons, & de prendre aucune chose que ce puisse estre.

XLIV.

Tous Soldats, Cavaliers ou Dragons qui seront pris à deux lieuës de l'endroit où la Troupe aura couché, ou à deux lieuës du grand chemin que la Troupe aura tenu ce jour-là, sans Congé du Capitaine signé du Commandant, seront punis de mort comme Deserteurs; Et ceux qui passeront dans les Villages à portée de la marche faisant du desordre seront mis au Conseil de Guerre, & selon le dommage ou violence qu'ils auront fait, ils seront jugez suivant les differens cas portez par le present Reglement.

XLV.

Sa Majesté deffend aux Cavaliers, Dragons & Soldats d'entrer dans les vignes & jardinages le long du grand chemin ou ailleurs, d'y prendre des fruits, legumes ni raisins, sur peine d'estre passez par les baguettes, mis en prison tous les soirs, & marcher attachez à la tête de la Troupe.

XLVI.

Il leur est aussi deffendu sur peine de prison, de quitter la Troupe d'un moment sans la permission de leurs

D

Officiers & sans laisser leur fusil au Bataillon.

XLVII.

Il leur est pareillement deffendu sur peine d'estre passez par les baguettes, d'estre mis en prison tous les soirs, & de marcher le jour attachez à la tête de la Troupe, de tirer sur les pigeons à la campagne, & de prendre des poules, Et sur peine des Galeres de tirer aux pigeons sur colombiers & maisons.

XLVIII.

Sa Majesté deffend à toutes ses Troupes de marcher dans les grains, vignes, prez ou autres endroits où elles peuvent faire dommage, ni d'y faire paître des chevaux sur peine d'indemniser les proprietaires de la perte qu'elles auront causée.

XLIX.

Deffend aussi Sa Majesté aux Officiers desdites Troupes, soit dans les routes ou dans leurs Garnisons, de chasser dans les grains sur peine de payer le dommage & d'estre mis en prison suivant les procés verbaux qui en seront faits; comme aussi de chasser sur les Terres des Gentilshommes qui sont conservées ni dans les Garennes; Et lorsque faisant route ils seront avertis par les Gardes-chasses de ne pas chasser sur la terre de leur maistre, ils seront obligez de se retirer sur peine de prison, & d'une amende applicable à l'Hospital du lieu ou du plus voisin.

L.

Sa Majesté fait encore des deffenses tres expresses à tous Officiers, Gendarmes, Cavaliers, Dragons & Soldats de se charger de sel ni d'aucunes marchandises de contrebande, sur peine aux Officiers de confiscation desdites marchandises & chevaux, Et aux Cavaliers, Dragons & Soldats outre la confiscation, de subir les peines portées par l'Ordonnance du 15. Novembre 1715.

LI.

Lorsqu'une Troupe passera dans des lieux où il y a des Gardes-Sel ou de Doüanne, l'Officier qui la commandera,

sur la requisition qui luy en sera faite par les Gardes des
Gabelles ou autres pour visiter, aura attention de faire dé-
siler la Troupe devant eux aussi bien que les bagages, afin
qu'ils puissent faire leur visite plus commodement, Et luy
ou le Major se tiendront auprés des Doüanniers pour qu'ils
sassent leur charge sans aucune crainte; Et s'il y avoit des
plaintes à l'occasion de cette visite le Commandant en ré-
pondroit.

LII.

Les Cavaliers, Dragons & Soldats qui dans la crainte de
ne pouvoir passer leur contrebande avec la Troupe, s'écarteront à droite ou à gauche de la marche pour aller cher-
cher d'autres passages; si ils sont pris à deux lieuës de la
Troupe ils seront traitez comme Deserteurs, & punis de
mort de mesme que s'ils avoient deserté effectivement; Et
si ils sont pris plus prés de deux lieuës de la Troupe, ils tire-
ront au billet pour qu'un d'eux aille aux Galeres, & les autres seront passez par les baguettes & mis en prison toutes
les nuits, & le jour marcheront attachez à la tête des Troupes jusques à leurs Garnisons.

LIII.

La punition des baguettes marquée danss le present Reglement pour l'Infanterie, doit estre à l'égard de la Cavalerie & Dragons celle du piquet où on laissera les Cavaliers
& Dragons chaque fois plus ou moins de temps, Et elle
sera continuée plus ou moins de jours aussi bien que la punition des baguettes, suivant que la faute qui aura esté com-
mise le meritera.

LIV.

Quand les Troupes auront causé du desordre soit dans
leur marche ou dans leurs quartiers, & qu'elles n'auront pas
satisfait ceux qui leur auront porté leurs justes plaintes,
pour lors ceux qui auront souffert le dommage feront dres-
ser un procés verbal de la perte qu'ils auront faite ou de la
violence par le Juge des Lieux, lequel procés verbal sera
fait double, dont l'un sera envoyé à l'Intendant, & l'autre

au Conseil de la Guerre, Et l'Intendant aprés avoir re-
çeû ce procés verbal en inſtruira auſſi le Conſeil de la
Guerre, qui ſur ſon avis ordonnera la juſtice qui en ſera
faite.

LV.

Sa Majeſté deffend à tous Cavaliers, Dragons ou Soldats de ſortir, ſoit du Quartier ou de la Garniſon avec d'autres armes que leurs Epées, ſur peine d'eſtre paſſez par les
baguettes & mis en priſon durant un mois.

LVI.

Les Intendans remettront à toutes les Mareſchauſſées de
leur Département l'Eſtat des Troupes qui y paſſeront, les
lieux où elles logeront, & ils y marqueront auſſi les jours
qu'elles y devront arriver, avec ordre aux Prevoſts & aux
Archers d'eſtre toûjours ſur la marche des Troupes & de
ne les point quitter tant qu'elles ſeront dans leur Département, Et aux Prevoſts de leur rendre compte toutes les ſemaines des journées qu'ils auront faites & de la conduite
que les Troupes auront tenuë dans leur marche.

LVII.

Les Prevoſts écriront pareillement toutes les ſemaines
au Conſeil de la Guerre pour luy rendre compte des journées qu'ils auront employées à la ſuite deſdites Troupes &
de leur bonne ou mauvaiſe conduite, Et ils s'adreſſeront à
tous les Commandans des Troupes pour convenir avec eux
des moyens d'empeſcher les deſordres; l'Intention de Sa
Majeſté eſtant que leſdits Commandans leur donnent main
forte, s'ils en ſont requis par leſdits Prevoſts.

LVIII.

Il ſera payé trente livres pour chaque Cavalier, Dragon ou Soldat arreſté à deux lieuës du grand chemin de
l'Eſtappe, ſoit par les Mareſchauſſées ou autres qu'il appartiendra.

LIX.

Quand les Soldats s'écarteront dans le Pays pour piller
& ſe faire loger par force ou autrement, Il eſt ordonné

aux

17

aux Payfans d'aller avertir la Marefchauffée pour les faire prendre, fur peine de dix Ecus d'amende au Village qui y aura manqué, Et fi les Soldats fe mettent en deffenfe contre le Prevoft & fes Archers & qu'ils en bleffent quelqu'un, lefdits Soldats feront pendus en quelque nombre qu'ils foient.

L X.

Lorfque les Prevofts des Marefchaux auront arrefté quelque Cavalier, Dragon ou Soldat, ils le conduiront à fa Troupe pour que juftice en foit faite fuivant les cas portez par le prefent Reglement; Et fi la Troupe eft éloignée de leur Département & qu'ils ne puiffent pas la joindre, ils les remettront dans les Prifons Royales les plus prochaines, en donneront avis à l'Intendant & luy envoyeront l'information qu'ils auront faite, dont ils adrefferont le double au Confeil de la Guerre.

L X I.

Enjoint Sa Majefté à tous les Prevofts, leurs Lieutenans & Archers d'executer ponctuellement ce qui les regarde dans le prefent Reglement, fur peine aux contrevenans d'interdiction, & en cas de recidive de privation de leurs Charges.

L X I I.

Ceux qui commanderont les Troupes dans les Routes rendront compte toutes les femaines au Confeil de la Guerre de la maniere dont les Troupes auront vefcu le long du chemin, Et s'il arrive que des Cavaliers, Dragons ou Soldats ayent fait du defordre, ils marqueront la juftice qu'ils en auront faite; Si pareillement des Soldats defertent ou quittent le Regiment pour aller piller, ils auront foin d'en donner avis au Confeil de la Guerre & aux Marefchauffées des lieux où ils pafferont pour qu'ils courent aprés; Ils marqueront dans les mefmes lettres les noms des quatre ou cinq Capitaines de la tefte prefents ou abfents.

L X I I I.

S'il arrive que des Prevofts des Marefchaux ou autres

E

arreſtent des Cavaliers, Dragons ou Soldats qui ayent deſerté ou qui courent le Pays, les dix Ecus par homme leur ſeront payez par le Roy avec la conduite à leurs Regimens.

LXIV.

Mais ſi le Conſeil de la Guerre eſt informé par les Prevoſts ou autres, des Cavaliers, Dragons ou Soldats qu'ils auront arreſtez, & que le Commandant n'ait pas averti le Conſeil de la Guerre que ces Soldats là manquent & ont quitté, les dix Ecus pour chaque homme arreſté & leur conduite au Regiment ſeront payez par les Officiers, Et le Commandant de la Troupe & le Major ſeront punis..

LXV.

Il ſera gardé au Conſeil de la Guerre un livre où chaque Regiment aura ſa feüille, dans lequel on écrira la bonne ou mauvaiſe conduite que chaque Regiment gardera ſoit dans les Routes ou en Garniſon, avec le nom du Colonel, Lieutenant Colonel, ou Capitaine qui auront commandé, & meſme ceux de la teſte qui auront eſté preſents ou abſents, afin de connoiſtre les veritables raiſons de leur abſence, & ſi ce ne ſeroit pas pour n'eſtre point chargez de la conduite des Troupes, & laiſſer la peine à ceux qui ſont aprés eux, ne ſe ſentant pas les qualitez neceſſaires pour commander; afin que le Conſeil de la Guerre, quand il ſera queſtion de leur avancement, puiſſe en rendre compte à Sa Majeſté.

LXVI.

Si dans les Routes il ſe trouve des Soldats malades hors d'eſtat de pouvoir eſtre tranſportez ſur des Charriots, ils ſeront remis dans les Hoſpitaux des Villes, Et les Maires en donneront avis à l'Intendant & au Conſeil de la Guerre, pour qu'ils pourvoyent à faire payer l'Hoſpital, & à faire donner aux Soldats ce qui leur ſera neceſſaire lorſqu'ils ſeront gueris pour rejoindre leur Garniſon.

LXVII.

Lorſque dans les Routes ou dans les Garniſons du Dedans du Royaume où il n'y aura pas de Commandant, il s'y trouvera differens Regimens, foit d'Infanterie, Cavalerie ou Dragons, le caractere Superieur commandera le tout; Et s'il eft égal, dans les lieux ouverts, celuy de Cavalerie & de Dragons commandera, & dans les lieux fermez celuy d'Infanterie conformement aux anciens Reglemens, Et les Troupes en route executeront ce qui leur fera ordonné par les Infpecteurs des Départemens dans lefquels elles pafferont, Et ce fous l'authorité des Gouverneurs Generaux ou Commandans des Provinces.

LXVIII.

Sa Majefté ordonne que le prefent Reglement fera leû & publié à la tefte des Troupes, Et que tous les trois mois les Infpecteurs & les Commiffaires des Guerres auront foin lorfqu'ils feront leur Reveüe de le faire relire & publier de nouveau.

LXIX.

Quand un Regiment aura ordre de partir de fa Garnifon pour aller dans une autre, le Commandant de la Troupe fera lire le prefent Reglement, & mefme encore fur la route lorfqu'il aura plus de dix jours de marche, fur peine d'interdiction au Commandant & au Major s'ils y manquoient.

LXX.

Ledit Reglement ayant efté leû & publié une fois à la tefte des Troupes fera executé en fon entier, quand bien mefme par la faute des Commandans il n'en auroit pas efté fait une feconde lecture ainfi qu'il eft porté cy-deffus.

LXXI.

MANDE & ordonne Sa Majefté aux Gouverneurs & fes Lieutenans Generaux en fes Provinces & Armées, Gouverneurs de fes Villes & Places, ou ceux qui y commandent en leur abfence, ou autres ayant commandement fur les Troupes, aux Intendans de Juftice, Police & Finances dans fes Provinces & Armées, aux Infpecteurs & Commiffaires des Guerres, Baillifs, Senefchaux, Prevofts, Juges ou leurs Lieutenans, Maires & Eschevins des Villes, & à tous autres ses Officiers qu'il appartiendra, de tenir la main à l'execution du present Reglement, chacun à son égard, & de le faire publier dés à present par tout où besoin sera, à ce qu'aucun n'en pretende cause d'ignorance; Et que pour cet effet ce Reglement sera gardé en entier dans toutes les Maisons de Villes & lieux où les Troupes logent dans leurs Routes, pour y avoir recours lorsqu'il y aura quelque difficulté entre les Habitans & les Troupes; Et pour ce qui regarde les Communautez où les Troupes ne logent point, il sera tiré des Extraits de tous les Articles qui pourront les regarder, que les Intendans feront imprimer & leur envoyeront pour estre leûs à la sortie des Messes Paroissiales. FAIT à Paris le quatriéme jour de Juillet mil sept cens seize. *Signé* LOUIS. *Et plus bas.* PHELYPEAUX.